Anna's Dream: Short Stories in Italian for Beginners

Artici Bilingual Books

Published by Artici Bilingual Books, 2024.

While every precaution has been taken in the preparation of this book, the publisher assumes no responsibility for errors or omissions, or for damages resulting from the use of the information contained herein.

ANNA'S DREAM: SHORT STORIES IN ITALIAN FOR BEGINNERS

First edition. April 6, 2024.

Copyright © 2024 Artici Bilingual Books.

ISBN: 979-8224734528

Written by Artici Bilingual Books.

Table of Contents

La Piccola Trattoria Sul Mare

C'era una volta una piccola trattoria sul mare, nascosta tra le rocce e le onde che danzavano al suono del vento. Il suo nome era "La Piccola Trattoria Sul Mare" e era famosa in tutto il paese per il suo pesce fresco e i profumi invitanti che si diffondevano nell'aria.

Il cuoco della trattoria si chiamava Luca. Era un uomo gentile con gli occhi che brillavano come il sole sul mare. Luca amava cucinare e ogni giorno andava al mercato per scegliere il pesce più fresco e le verdure più colorate.

Una mattina, mentre Luca stava preparando il pranzo, entrò un uomo anziano con un cappello di paglia e un bastone nella mano. Si chiamava Giovanni e aveva viaggiato per mare per molti anni.

"Giovanni! Che piacere vederti qui!" esclamò Luca con gioia.

"Luca, mio caro amico, ho sentito parlare della tua deliziosa trattoria e ho deciso di venire a gustare le tue specialità", disse Giovanni con un sorriso rugoso.

Luca lo condusse a un tavolo vicino alla finestra, da cui si poteva vedere il mare che brillava sotto il sole.

Mentre Giovanni gustava il suo pasto, raccontò a Luca storie dei suoi viaggi in giro per il mondo. Parlava di mari lontani, isole misteriose e avventure incredibili.

Luca ascoltava rapito, immaginando di viaggiare per mari sconosciuti e di scoprire mondi nuovi.

Dopo il pasto, Giovanni si alzò lentamente e guardò Luca negli occhi.

"Luca, ho una domanda per te", disse con voce seria. "Se potessi viaggiare in qualsiasi posto del mondo, dove vorresti andare?"

Luca rifletté per un momento, poi sorrise.

"Vorrei viaggiare fino al Polo Nord e vedere l'aurora boreale danzare nel cielo", rispose con entusiasmo.

Giovanni annuì lentamente.

"Allora, Luca, ti farò un regalo speciale", disse, estraendo una piccola conchiglia dorata dalla sua tasca. "Questa è una conchiglia magica. Quando la ascolterai attentamente, ti porterà ovunque tu desideri andare."

Luca prese la conchiglia tra le mani, sentendo il suo calore e il suo potere magico.

"Grazie, Giovanni. È il regalo più bello che abbia mai ricevuto", disse commosso.

Giovanni sorrise e si avviò verso l'uscita della trattoria.

"Ricorda, Luca, i veri tesori della vita non si trovano nei luoghi lontani, ma nel cuore di chi li cerca", disse con saggezza prima di scomparire oltre la porta.

Luca guardò la conchiglia dorata tra le mani e sorrise. Aveva un nuovo amico e un nuovo sogno da inseguire.

Da quel giorno in poi, Luca continuò a cucinare i suoi piatti deliziosi per gli ospiti della sua trattoria, ma ogni tanto, quando il vento soffiava forte dal mare, prendeva la sua conchiglia magica e ascoltava il suo richiamo. E in quei momenti, chiudevava gli occhi e lasciava che la magia lo trasportasse verso mondi sconosciuti e avventure incredibili.

The Little Seaside Trattoria

Once upon a time, there was a small trattoria by the sea, hidden among the rocks and the waves that danced to the sound of the wind. Its name was "The Little Seaside Trattoria" and it was famous throughout the country for its fresh fish and inviting aromas that wafted through the air. The chef of the trattoria was named Luca. He was a kind man with eyes that sparkled like the sun on the sea. Luca loved to cook and every day he would go to the market to choose the freshest fish and the most colorful vegetables.

One morning, while Luca was preparing lunch, an elderly man entered with a straw hat and a cane in his hand. His name was Giovanni and he had traveled the seas for many years.

"Giovanni! What a pleasure to see you here!" exclaimed Luca joyfully.

"Luca, my dear friend, I heard about your delicious trattoria and decided to come and taste your specialties," said Giovanni with a wrinkled smile.

Luca led him to a table near the window, from which one could see the sea shimmering under the sun.

As Giovanni enjoyed his meal, he told Luca stories of his travels around the world. He spoke of distant seas, mysterious islands, and incredible adventures.

Luca listened raptly, imagining himself traveling to unknown seas and discovering new worlds.

After the meal, Giovanni rose slowly and looked Luca in the eyes.

"Luca, I have a question for you," he said seriously. "If you could travel to any place in the world, where would you like to go?"

Luca pondered for a moment, then smiled.

"I would like to travel to the North Pole and see the northern lights dancing in the sky," he replied enthusiastically.

Giovanni nodded slowly.

"Then, Luca, I will give you a special gift," he said, pulling out a small golden shell from his pocket. "This is a magic shell. When you listen to it carefully, it will take you wherever you wish to go."

Luca took the shell in his hands, feeling its warmth and its magical power.

"Thank you, Giovanni. It's the most beautiful gift I've ever received," he said, moved.

Giovanni smiled and headed towards the exit of the trattoria.

"Remember, Luca, the true treasures of life are not found in distant places, but in the heart of those who seek them," he said wisely before disappearing beyond the door.

Luca looked at the golden shell in his hands and smiled. He had a new friend and a new dream to chase.

From that day on, Luca continued to cook his delicious dishes for the guests of his trattoria, but every now and then, when the wind blew strongly from the sea, he would take his magic shell and listen to its call. And in those moments, he would close his eyes and let the magic transport him to unknown worlds and incredible adventures.

La Signora Rosalba e il Gatto Misterioso

La signora Rosalba abitava in una piccola casa con un giardino fiorito. Ogni mattina, apriva le finestre per far entrare il sole e salutare i suoi fiori con un sorriso gentile. Era una donna gentile e pacifica, amante della tranquillità e della bellezza della natura.

Un giorno, mentre annaffiava i fiori nel suo giardino, la signora Rosalba notò un gatto nero seduto sul muretto di pietra. Era un gatto straordinariamente bello, con occhi verdi che brillavano come le stelle nel cielo notturno.

"Ma chi sei tu, piccolo amico?" chiese la signora Rosalba con curiosità.

Il gatto nero si avvicinò lentamente, annuendo con la testa come se capisse le parole della signora Rosalba.

"Sei un mistero, non è vero?" disse la signora Rosalba, sorridendo. "Ma sei il benvenuto nel mio giardino."

Da quel giorno in poi, il gatto nero divenne una presenza regolare nel giardino della signora Rosalba. Si sedeva tra i fiori, osservando il mondo con occhi curiosi e un sorriso enigmatico sulle labbra.

La signora Rosalba cominciò a chiamarlo "Mistero" perché sembrava portare con sé un alone di segreti e avventure.

Una sera d'estate, mentre la signora Rosalba stava leggendo un libro sul suo terrazzo, sentì un rumore provenire dal giardino. Si affacciò e vide il gatto nero che giocava tra i cespugli di lavanda.

"Che cosa fai lì, Mistero?" chiese la signora Rosalba con un sorriso.

Il gatto nero alzò la testa e le fece un piccolo cenno con la zampa.

"Vuoi giocare con me?" chiese la signora Rosalba, sorpresa.

Il gatto nero annuì e iniziò a correre intorno al giardino, invitando la signora Rosalba a seguirlo. Ridendo, la signora Rosalba si unì al gioco, dimenticando per un attimo le preoccupazioni e gli affanni della giornata.

Quella sera, mentre la signora Rosalba guardava il tramonto dipingere il cielo di rosso e oro, si sentì grata per il dono della natura e per il potere dell'amicizia che aveva portato Mistero nel suo giardino.

Quella notte, la signora Rosalba sognò di volare sopra le nuvole con il gatto nero accanto a lei, verso mondi sconosciuti e meravigliosi.

Quando si svegliò la mattina seguente, sentì un senso di leggerezza nel cuore e un sorriso sulle labbra. Il giardino sembrava più luminoso e pieno di vita, e la signora Rosalba sapeva che quella sensazione di gioia e meraviglia era stata portata da Mistero.

E così, la signora Rosalba continuò a vivere giorni sereni e gioiosi nel suo piccolo angolo di paradiso.

Mrs. Rosalba and the Mysterious Cat

Mrs. Rosalba lived in a small house with a flowery garden. Every morning, she opened the windows to let the sun in and greeted her flowers with a gentle smile. She was a kind and peaceful woman, a lover of tranquility and the beauty of nature.

One day, while watering the flowers in her garden, Mrs. Rosalba noticed a black cat sitting on the stone wall. It was an extraordinarily beautiful cat, with green eyes that sparkled like the stars in the night sky.

"Who are you, little friend?" Mrs. Rosalba asked curiously.

The black cat approached slowly, nodding its head as if understanding Mrs. Rosalba's words.

"You're a mystery, aren't you?" Mrs. Rosalba said, smiling. "But you are welcome in my garden."

From that day on, the black cat became a regular presence in Mrs. Rosalba's garden. It would sit among the flowers, observing the world with curious eyes and an enigmatic smile on its lips.

Mrs. Rosalba began to call it "Mystery" because it seemed to carry with it an aura of secrets and adventures.

One summer evening, while Mrs. Rosalba was reading a book on her terrace, she heard a noise coming from the garden. She looked out and saw the black cat playing among the lavender bushes.

"What are you doing there, Mystery?" Mrs. Rosalba asked with a smile.

The black cat raised its head and made a small gesture with its paw.

"Do you want to play with me?" Mrs. Rosalba asked, surprised.

The black cat nodded and began to run around the garden, inviting Mrs. Rosalba to follow. Laughing, Mrs. Rosalba joined in the game, forgetting for a moment the worries and troubles of the day.

That evening, as Mrs. Rosalba watched the sunset paint the sky in red and gold, she felt grateful for the gift of nature and for the power of friendship that Mystery had brought into her garden.

That night, Mrs. Rosalba dreamed of flying above the clouds with the black cat beside her, towards unknown and wonderful worlds.

When she woke up the next morning, she felt a lightness in her heart and a smile on her lips. The garden seemed brighter and full of life, and Mrs. Rosalba knew that feeling of joy and wonder had been brought by Mystery.

And so, Mrs. Rosalba continued to live peaceful and joyful days in her little corner of paradise.

La Corsa Contro il Tempo

Era una fredda notte d'inverno quando Carlo, un giovane studente universitario, ricevette una chiamata urgente dal suo migliore amico, Marco. "Carlo, devo parlarti subito. È una questione di vita o di morte", disse Marco, il panico nella voce.

Senza esitare, Carlo si precipitò fuori di casa e corse attraverso le strade deserte della città per raggiungere l'appartamento di Marco.

Quando arrivò, trovò Marco pallido e agitato, con una lettera in mano. "Carlo, è successo qualcosa di terribile", disse Marco, tremando. "Ho ricevuto questa lettera minatoria e non so cosa fare."

Carlo prese la lettera e la lesse attentamente. Era piena di minacce e richieste di denaro, con una scadenza fissata per la mezzanotte di quella stessa notte.

"Marco, dobbiamo agire velocemente", disse Carlo, la determinazione nei suoi occhi. "Non possiamo lasciare che ti succeda qualcosa di male."

I due amici si sedettero al tavolo della cucina e pianificarono il loro piano d'azione. Decisero di recarsi alla polizia per segnalare la minaccia e chiesero aiuto a un esperto informatico per rintracciare l'origine della lettera.

Mentre il tempo scorreva implacabile, Carlo e Marco si adoperarono freneticamente per raccogliere prove e trovare una soluzione al dilemma che li affliggeva.

Ma quando arrivarono alla stazione di polizia, si trovarono di fronte a una brutta sorpresa. L'ufficiale di polizia, ispettore Rossi, sembrava scettico riguardo alla loro storia e non sembrava disposto ad aiutarli.

"Ragazzi, non ho tempo per le vostre fantasie", disse Rossi con disprezzo. "Andate a casa e lasciate che la polizia si occupi di veri crimini."

Carlo e Marco furono scioccati dalla reazione dell'ispettore Rossi, ma non si lasciarono scoraggiare. Decisero di continuare la loro ricerca da soli, determinati a trovare una soluzione al mistero che li circondava.

Ritornati all'appartamento di Marco, si mise al lavoro per cercare indizi e informazioni che potessero aiutarli a svelare l'identità del misterioso ricattatore.

Mentre scartabellava tra i documenti e i computer di Marco, Carlo notò qualcosa di strano. Una vecchia fotografia nascosta tra le pagine di un libro, raffigurante Marco insieme a un uomo sconosciuto.

"Marco, chi è quest'uomo nella foto?" chiese Carlo, indicando la figura misteriosa.

Marco si fermò di colpo e guardò la foto con occhi pieni di terrore.

"È lui... è il mio vecchio coinquilino, Giovanni", sussurrò Marco, la voce tremante. "Non l'ho più visto da anni, ma... credo che sia lui il ricattatore."

Carlo e Marco si guardarono negli occhi, realizzando la gravità della situazione. Dovevano trovare Giovanni e fermarlo prima che fosse troppo tardi.

Senza perdere altro tempo, i due amici si misero sulle tracce di Giovanni, seguendo ogni indizio e pista che potesse condurli a lui.

La loro ricerca li portò attraverso la città, fino a un vecchio magazzino abbandonato ai margini del fiume. Lì, trovarono Giovanni, intento a contare una grossa somma di denaro.

"Sei tu il ricattatore, Giovanni?" chiese Carlo, la voce carica di rabbia e disprezzo.

Giovanni si voltò lentamente, sorridendo in modo sinistro.

"Siete venuti fino a qui per cercare di fermarmi?" disse Giovanni, con una risata fredda. "È troppo tardi. Ho già vinto."

Ma Carlo non si diede per vinto. Con un gesto rapido, chiamò la polizia e consegnò Giovanni, assicurandosi che pagasse per i suoi crimini.

Quella notte, mentre tornavano a casa dopo aver risolto il caso, Carlo e Marco si guardarono negli occhi con un senso di soddisfazione e gratitudine. Avevano dimostrato che insieme potevano affrontare qualsiasi sfida e superare qualsiasi ostacolo, anche quando il tempo era contro di loro.

E così, l'amicizia tra Carlo e Marco si rafforzò ancora di più, pronta ad affrontare nuove avventure e misteri nel futuro.

11

The Race Against Time

It was a cold winter night when Carlo, a young university student, received an urgent call from his best friend, Marco. "Carlo, I need to talk to you right away. It's a matter of life or death," said Marco, panic in his voice.

Without hesitation, Carlo rushed out of the house and ran through the deserted streets of the city to reach Marco's apartment.

When he arrived, he found Marco pale and agitated, holding a letter in his hand.

"Carlo, something terrible has happened," said Marco, trembling. "I received this threatening letter, and I don't know what to do."

Carlo took the letter and read it carefully. It was full of threats and demands for money, with a deadline set for midnight that same night.

"Marco, we need to act quickly," said Carlo, determination in his eyes. "We can't let anything happen to you."

The two friends sat down at the kitchen table and planned their course of action. They decided to go to the police to report the threat and sought help from a computer expert to trace the origin of the letter.

As time ticked relentlessly, Carlo and Marco worked frantically to gather evidence and find a solution to the dilemma that plagued them.

But when they arrived at the police station, they were met with an unpleasant surprise. The police officer, Inspector Rossi, seemed skeptical of their story and was unwilling to help.

"Guys, I don't have time for your fantasies," said Rossi with disdain. "Go home and let the police deal with real crimes."

Carlo and Marco were shocked by Inspector Rossi's reaction, but they were not discouraged. They decided to continue their search on their own, determined to find a solution to the mystery surrounding them.

Back at Marco's apartment, Carlo got to work searching for clues and information that could help them uncover the identity of the mysterious blackmailer.

As he rummaged through Marco's documents and computer, Carlo noticed something strange. An old photograph hidden among the pages of a book, depicting Marco with an unknown man.

"Marco, who is this man in the photo?" Carlo asked, indicating the mysterious figure.

Marco stopped abruptly and looked at the photo with eyes full of terror.

"It's him... it's my old roommate, Giovanni," Marco whispered, his voice trembling. "I haven't seen him in years, but... I think he's the blackmailer."

Carlo and Marco looked into each other's eyes, realizing the gravity of the situation. They had to find Giovanni and stop him before it was too late.

Without wasting any more time, the two friends set out to track down Giovanni, following every clue and lead that could lead them to him.

Their search took them through the city, to an old abandoned warehouse on the edge of the river. There, they found Giovanni, counting a large sum of money.

"Are you the blackmailer, Giovanni?" Carlo asked, his voice filled with anger and contempt.

Giovanni turned slowly, smiling sinisterly.

"You came all the way here to try to stop me?" Giovanni said, with a cold laugh. "It's too late. I've already won."

But Carlo didn't give up. With a quick gesture, he called the police and handed Giovanni over, ensuring that he would pay for his crimes.

That night, as they returned home after solving the case, Carlo and Marco looked into each other's eyes with a sense of satisfaction and gratitude. They had proven that together they could face any challenge and overcome any obstacle, even when time was against them.

And so, the friendship between Carlo and Marco grew even stronger, ready to face new adventures and mysteries in the future.

Il Sogno di Anna

Anna era una giovane donna che viveva in un piccolo villaggio circondato da campi di grano dorato. Da quando era bambina, aveva sempre sognato di viaggiare per il mondo e scoprire luoghi lontani e meravigliosi.

Ogni notte, prima di addormentarsi, chiudeva gli occhi e immaginava di essere in viaggio verso terre sconosciute, avventurandosi tra montagne imponenti e oceani infiniti.

Ma la realtà era diversa. Anna passava le sue giornate nel villaggio, occupandosi delle faccende domestiche e lavorando nei campi insieme alla sua famiglia.

Un giorno, mentre camminava tra i campi di grano, Anna vide un'aquila solitaria che volteggiava nell'aria con le sue ali possenti. Sembrava guardare il mondo dall'alto, con uno sguardo fiero e determinato.

Anna rimase affascinata dall'aquila e si mise a seguirne il volo con gli occhi, sognando di poter volare libero come l'uccello maestoso.

Quella notte, mentre dormiva nella sua semplice stanza, Anna ebbe un sogno straordinario. Si trovava su una nave che solcava gli oceani, con il vento che le carezzava il viso e le onde che danzavano sotto lo scafo.

La nave la portò verso terre lontane e misteriose, dove incontrò persone straordinarie e visse avventure indimenticabili. Esplorò città antiche e camminò lungo sentieri nascosti tra le montagne, seguendo il suo cuore e la sua sete di scoperta.

Quando si svegliò la mattina seguente, Anna si sentiva piena di gioia e gratitudine per il sogno che aveva vissuto. Si sentiva come se avesse assaggiato la libertà di volare alto come un'aquila e esplorare il mondo con gli occhi aperti.

Decisa a seguire il suo sogno, Anna si mise in viaggio verso l'ignoto, lasciando il suo villaggio dietro di sé e dirigendosi verso terre lontane e sconosciute.

Viaggiò per giorni e notti, incontrando persone di diverse culture e tradizioni, ma sempre mantenendo viva la fiamma del suo desiderio di scoperta e avventura.

Attraversò deserti aridi e foreste fitte, navigò su fiumi impetuosi e scalò montagne innevate, lasciandosi guidare dalla sua intuizione e dalla sua determinazione.

E finalmente, dopo un lungo viaggio pieno di sfide e prove, Anna arrivò a una città sul mare, dove incontrò un anziano saggio che sembrava conoscere i segreti dell'universo.

L'anziano le svelò che il vero viaggio non era solo quello che si compie fisicamente, ma anche quello interiore che porta alla scoperta di se stessi e dei propri sogni più profondi.

Con le parole sagge dell'anziano nel cuore, Anna decise di tornare al suo villaggio, portando con sé il tesoro prezioso delle esperienze vissute e la consapevolezza che il vero viaggio era quello che aveva fatto dentro di sé.

Quando tornò al villaggio, Anna era una donna diversa. Aveva imparato a vedere il mondo con occhi nuovi, apprezzando la bellezza e la ricchezza delle piccole cose che aveva sempre dato per scontate.

Ogni giorno, guardava il cielo aperto e si sentiva libera come un'aquila che solca il vento, pronta a continuare il suo viaggio interiore verso la realizzazione dei suoi sogni più profondi.

Anna's Dream

Anna was a young woman who lived in a small village surrounded by fields of golden wheat. Since she was a child, she had always dreamed of traveling the world and discovering distant and wonderful places.

Every night, before falling asleep, she would close her eyes and imagine herself traveling to unknown lands, venturing among towering mountains and endless oceans.

But reality was different. Anna spent her days in the village, taking care of household chores and working in the fields with her family.

One day, while walking through the wheat fields, Anna saw a solitary eagle soaring in the air with its powerful wings. It seemed to be looking at the world from above, with a proud and determined gaze.

Anna was fascinated by the eagle and watched its flight with her eyes, dreaming of being able to fly free like the majestic bird.

That night, while sleeping in her simple room, Anna had an extraordinary dream. She found herself on a ship sailing the oceans, with the wind caressing her face and the waves dancing beneath the hull.

The ship took her to distant and mysterious lands, where she met extraordinary people and lived unforgettable adventures. She explored ancient cities and walked along hidden paths in the mountains, following her heart and her thirst for discovery.

When she woke up the next morning, Anna felt full of joy and gratitude for the dream she had lived. She felt as if she had tasted the freedom to fly high like an eagle and explore the world with open eyes.

Determined to follow her dream, Anna set off into the unknown, leaving her village behind and heading for distant and unknown lands.

She traveled for days and nights, meeting people of different cultures and traditions, but always keeping alive the flame of her desire for discovery and adventure.

She crossed arid deserts and dense forests, sailed on rushing rivers and climbed snowy mountains, letting herself be guided by her intuition and determination.

And finally, after a long journey full of challenges and trials, Anna arrived at a city by the sea, where she met an elderly sage who seemed to know the secrets of the universe.

The old man revealed to her that the true journey was not only the one undertaken physically, but also the inner journey that leads to the discovery of oneself and one's deepest dreams.

With the sage's wise words in her heart, Anna decided to return to her village, carrying with her the precious treasure of her experiences and the awareness that the true journey was the one she had made within herself.

When she returned to the village, Anna was a different woman. She had learned to see the world with new eyes, appreciating the beauty and richness of the small things she had always taken for granted.

Every day, she looked up at the open sky and felt as free as an eagle soaring in the wind, ready to continue her inner journey towards the realization of her deepest dreams.

Una Giornata al Fiume

Era una mattina fresca e luminosa quando Emma decise di fare una passeggiata lungo il fiume. Indossava un vestito leggero e una cuffia di lana per proteggersi dal vento.

Mentre camminava lungo il sentiero accanto al fiume, Emma sentiva il profumo dell'erba fresca e il suono dell'acqua che scorreva dolcemente tra le pietre.

Decise di sedersi su una grande roccia vicino al fiume e osservare il paesaggio intorno a lei. Chiuse gli occhi e si lasciò trasportare dal suono rilassante dell'acqua e dal canto degli uccelli.

Poi, all'improvviso, sentì una mano delicata sulla spalla. Aprì gli occhi e vide una donna anziana che le sorrideva gentilmente.

"Buongiorno, cara," disse la donna con voce dolce. "Posso sedermi accanto a te?"

Emma annuì con un sorriso e fece spazio sulla roccia per la donna anziana. Si guardarono negli occhi per un attimo, come se si conoscessero da sempre.

La donna anziana si presentò come Laura e cominciò a raccontare a Emma storie della sua giovinezza e delle avventure che aveva vissuto lungo il fiume.

Emma la ascoltò con interesse, immaginando di trovarsi al posto di Laura e di esplorare le rive del fiume in cerca di avventure.

Le due donne trascorsero la mattinata insieme, parlando e ridendo come vecchie amiche. Si raccontarono segreti e sogni, condividendo la bellezza e la tranquillità del fiume che scorreva accanto a loro.

Il tempo sembrava fermarsi mentre si godevano la compagnia reciproca e la bellezza della natura che li circondava.

Poi, all'improvviso, sentirono il rumore di passi che si avvicinavano lungo il sentiero. Si voltarono e videro un giovane ragazzo che si avvicinava con un sorriso timido sulle labbra.

Il ragazzo si presentò come Luca e disse di essere venuto al fiume per fare una passeggiata e godersi la giornata di sole.

Il tempo trascorse velocemente mentre parlavano e ridevano, e presto il sole cominciò a calare nel cielo. Emma guardò intorno a sé e si rese conto che la giornata era volata via troppo in fretta.

"È stato un giorno meraviglioso," disse con un sospiro di soddisfazione. "Grazie per averlo reso così speciale, Laura e Luca."

Laura sorrise e prese la mano di Emma con affetto. "È stato un piacere trascorrere la giornata con te, cara," disse con sincerità. "Spero che ci saranno altre giornate come questa in futuro."

Emma annuì con un sorriso e guardò il fiume che scorreva placido di fronte a loro. Aveva trascorso una giornata indimenticabile in compagnia di nuovi amici, e sapeva che avrebbe conservato quei ricordi nel cuore per sempre.

A Day by the River

It was a fresh and bright morning when Emma decided to take a walk along the river. She wore a light dress and a woolen cap to protect herself from the wind.

As she walked along the path next to the river, Emma could smell the scent of fresh grass and hear the sound of water flowing gently among the stones.

She decided to sit on a large rock near the river and observe the scenery around her. She closed her eyes and let herself be carried away by the relaxing sound of the water and the singing of the birds.

Then, suddenly, she felt a gentle hand on her shoulder. She opened her eyes and saw an elderly woman smiling kindly at her.

"Good morning, dear," said the elderly woman in a sweet voice. "May I sit next to you?"

Emma nodded with a smile and made room on the rock for the elderly woman. They looked into each other's eyes for a moment, as if they had known each other forever.

The elderly woman introduced herself as Laura and began to tell Emma stories of her youth and the adventures she had experienced along the river.

Emma listened to her with interest, imagining herself in Laura's place and exploring the riverbanks in search of adventures.

The two women spent the morning together, talking and laughing like old friends. They shared secrets and dreams, sharing the beauty and tranquility of the river flowing beside them.

Time seemed to stand still as they enjoyed each other's company and the beauty of the nature surrounding them.

Then, suddenly, they heard the sound of footsteps approaching along the path. They turned and saw a young boy approaching with a shy smile on his lips.

The boy introduced himself as Luca and said he had come to the river for a walk and to enjoy the sunny day.

Time passed quickly as they talked and laughed, and soon the sun began to set in the sky. Emma looked around and realized that the day had flown by too quickly.

"It has been a wonderful day," she said with a sigh of satisfaction. "Thank you for making it so special, Laura and Luca."

Laura smiled and took Emma's hand affectionately. "It has been a pleasure spending the day with you, dear," she said sincerely. "I hope there will be more days like this in the future."

Emma nodded with a smile and looked at the river flowing peacefully in front of them. She had spent an unforgettable day in the company of new friends, and she knew that she would cherish those memories in her heart forever.

La Chiave Magica

C'era una volta in un piccolo villaggio tra le colline, una giovane donna di nome Giulia. Giulia era una ragazza curiosa e avventurosa, sempre alla ricerca di nuove esperienze e segreti da scoprire.

Un giorno, mentre passeggiava nei boschi vicino al villaggio, Giulia trovò una vecchia chiave arrugginita nascosta tra le foglie. La chiave brillava debolmente al sole, emanando un'aura di mistero e magia.

Intrigata, Giulia prese la chiave e la portò a casa con sé. Aveva sentito parlare di una leggenda antica secondo cui una chiave magica avrebbe potuto aprire le porte del mondo segreto, dove si nascondevano tesori e avventure straordinarie.

Decisa a scoprire se la leggenda fosse vera, Giulia si mise alla ricerca della porta segreta che la chiave avrebbe potuto aprire. Esplorò ogni angolo del villaggio, scrutando muri e porte alla ricerca di indizi.

Ma le settimane passarono e Giulia non riuscì a trovare nulla. La chiave sembrava solo un vecchio oggetto arrugginito, privo di magia o potere.

Delusa, Giulia decise di abbandonare la sua ricerca e di riprendere la sua vita normale nel villaggio. Ma una notte, mentre dormiva nella sua stanza, ebbe un sogno straordinario.

Sognò di trovarsi in un mondo magico, dove le strade erano fatte di stelle e gli alberi parlavano con il vento. E in mezzo a questo mondo incantato, vide una porta d'oro che brillava al chiaro di luna.

Senza esitazione, Giulia prese la chiave magica e la inserì nella serratura della porta d'oro. Con un clic, la porta si aprì lentamente, rivelando un mondo di meraviglie e segreti nascosti.

Giulia entrò nella porta d'oro e si trovò in un luogo straordinario, dove i fiori danzavano al ritmo della musica e gli uccelli cantavano melodie incantate.

Esplorò il mondo segreto con occhi pieni di meraviglia, scoprendo tesori nascosti e incontrando creature magiche lungo il cammino.

Ma mentre esplorava il mondo segreto, Giulia si rese conto che la chiave magica non era solo un mezzo per aprire porte fisiche, ma anche un simbolo del potere della sua mente e del suo cuore.

Capì che la vera magia risiedeva dentro di lei, nella sua capacità di sognare e di credere nei propri sogni più profondi.

E così, mentre il sole sorgeva all'orizzonte e il villaggio si risvegliava alla vita, Giulia si mise in cammino verso un futuro pieno di avventure e di possibilità, pronta a esplorare ogni angolo del mondo con il suo cuore aperto e la sua chiave magica in mano.

The Magic Key

Once upon a time in a small village nestled among the hills, there was a young woman named Giulia. Giulia was a curious and adventurous girl, always on the lookout for new experiences and secrets to discover.

One day, while walking in the woods near the village, Giulia found an old rusty key hidden among the leaves. The key gleamed weakly in the sun, emanating an aura of mystery and magic.

Intrigued, Giulia took the key and brought it home with her. She had heard of an ancient legend that spoke of a magic key that could unlock the doors to a secret world, where treasures and extraordinary adventures were hidden.

Determined to find out if the legend was true, Giulia set out in search of the secret door that the key could unlock. She explored every corner of the village, scrutinizing walls and doors for clues.

But weeks passed and Giulia found nothing. The key seemed to be just an old rusty object, devoid of magic or power.

Disappointed, Giulia decided to abandon her search and resume her normal life in the village. But one night, while sleeping in her room, she had an extraordinary dream.

She dreamt of being in a magical world, where the streets were made of stars and the trees spoke with the wind. And in the midst of this enchanted world, she saw a golden door shimmering in the moonlight.

Without hesitation, Giulia took the magic key and inserted it into the lock of the golden door. With a click, the door slowly opened, revealing a world of wonders and hidden secrets.

Giulia stepped through the golden door and found herself in an extraordinary place, where flowers danced to the rhythm of music and birds sang enchanted melodies.

She explored the secret world with eyes full of wonder, discovering hidden treasures and meeting magical creatures along the way.

But as she explored the secret world, Giulia realized that the magic key was not just a means to open physical doors, but also a symbol of the power of her mind and heart.

She understood that the true magic lay within her, in her ability to dream and believe in her deepest dreams.

And so, as the sun rose on the horizon and the village came alive with life, Giulia set out towards a future full of adventures and possibilities, ready to explore every corner of the world with her heart open and her magic key in hand.

Il Profumo dei Ricordi

C'era una volta in un piccolo villaggio vicino al mare una donna anziana di nome Lucia. Lucia viveva in una casetta accogliente circondata da fiori colorati e alberi rigogliosi.

Ogni giorno, Lucia si svegliava all'alba e si sedeva sulla sua veranda, osservando il sole sorgere lentamente sull'orizzonte e sentendo il profumo del mare portato dal vento.

Lucia amava ricordare i momenti felici della sua giovinezza, quando passeggiava sulla spiaggia con il suo amato Antonio. Si ricordava del calore del sole sulla pelle e del suono delle onde che si infrangevano sulla riva.

Ma ora Antonio non c'era più, e Lucia si sentiva sola e malinconica. Desiderava tornare indietro nel tempo e rivivere quei momenti speciali con il suo amato.

Un giorno, mentre raccoglieva fiori nel suo giardino, Lucia trovò una vecchia scatola di legno nascosta tra i cespugli. Con curiosità, aprì la scatola e vide che era piena di vecchie lettere e fotografie ingiallite.

Mentre sfogliava le lettere e guardava le fotografie, Lucia si ritrovò immersa nei ricordi del passato. Le lettere parlavano d'amore e di speranza, mentre le fotografie catturavano momenti felici con Antonio sulla spiaggia.

Le lacrime rigavano il viso di Lucia mentre riviveva quei momenti speciali con il suo amato. Sentiva il cuore gonfio di gioia e tristezza, desiderando di poter tornare indietro nel tempo e vivere di nuovo quei giorni meravigliosi.

Decisa a trovare un modo per tornare indietro nel tempo, Lucia decise di fare un viaggio lungo la spiaggia dove aveva trascorso così tanti momenti felici con Antonio.

Mentre passeggiava sulla sabbia dorata, Lucia sentiva il profumo del mare e il suono delle onde che la avvolgevano. Chiuse gli occhi e si lasciò trasportare indietro nel tempo, rivivendo i ricordi speciali che aveva condiviso con Antonio.

Poi, all'improvviso, sentì una mano calda sulla sua spalla. Aprì gli occhi e vide una figura familiare che le sorrideva gentilmente.

Era Antonio, il suo amato, che era tornato indietro nel tempo per accompagnarla nei suoi ricordi. Si presero per mano e camminarono lungo la spiaggia insieme, ridendo e scherzando come una volta.

Lucia sentiva il cuore pieno di gioia e gratitudine mentre passeggiava con Antonio lungo la spiaggia, rivivendo i momenti felici della sua giovinezza.

Quando il sole cominciò a tramontare all'orizzonte, Lucia e Antonio si sedettero sulla sabbia e guardarono il cielo diventare arancione e rosso. Si abbracciarono teneramente, sapendo che i loro ricordi sarebbero rimasti vivi nei loro cuori per sempre.

E così, mentre le stelle cominciavano a brillare nel cielo notturno, Lucia e Antonio rimasero sulla spiaggia, immersi nei loro ricordi e nell'amore che li aveva legati per sempre.

Once upon a time in a small village near the sea, there was an elderly woman named Lucia. Lucia lived in a cozy cottage surrounded by colorful flowers and lush trees.

Every day, Lucia would wake up at dawn and sit on her porch, watching the sun rise slowly on the horizon and feeling the scent of the sea carried by the wind.

Lucia loved to remember the happy moments of her youth when she walked on the beach with her beloved Antonio. She remembered the warmth of the sun on her skin and the sound of the waves crashing on the shore.

But now Antonio was no longer there, and Lucia felt lonely and melancholic. She longed to go back in time and relive those special moments with her beloved.

One day, while picking flowers in her garden, Lucia found an old wooden box hidden among the bushes. Curious, she opened the box and saw that it was full of old letters and yellowed photographs.

As she leafed through the letters and looked at the photographs, Lucia found herself immersed in memories of the past. The letters spoke of love and hope, while the photographs captured happy moments with Antonio on the beach.

Tears streamed down Lucia's face as she relived those special moments with her beloved. She felt her heart swell with joy and sadness, longing to go back in time and live those wonderful days again.

Determined to find a way to go back in time, Lucia decided to take a journey along the beach where she had spent so many happy moments with Antonio.

As she walked on the golden sand, Lucia felt the scent of the sea and the sound of the waves enveloping her. She closed her eyes and let herself be carried back in time, reliving the special memories she had shared with Antonio.

Then, suddenly, she felt a warm hand on her shoulder. She opened her eyes and saw a familiar figure smiling kindly at her.

It was Antonio, her beloved, who had come back in time to accompany her in her memories. They took each other's hand and walked along the beach together, laughing and joking as they used to.

Lucia felt her heart filled with joy and gratitude as she walked with Antonio along the beach, reliving the happy moments of her youth.

As the sun began to set on the horizon, Lucia and Antonio sat on the sand and watched the sky turn orange and red. They embraced tenderly, knowing that their memories would remain alive in their hearts forever.

And so, as the stars began to shine in the night sky, Lucia and Antonio remained on the beach, immersed in their memories and the love that had bound them forever.

Il Gatto e il Principe

C'era una volta un piccolo regno in cui viveva un giovane principe di nome Lorenzo. Lorenzo era un principe gentile e amato da tutti nel regno. Ma c'era una cosa che nessuno sapeva su di lui: aveva un gatto molto speciale di nome Felino.

Felino non era un gatto normale. Era un gatto magico che poteva capire il linguaggio umano e poteva anche parlare, anche se preferiva tenere il suo talento nascosto.

Un giorno, mentre Lorenzo stava passeggiando nei giardini del castello, sentì una voce provenire da un cespuglio. Era la voce di Felino.

"Buongiorno, principe Lorenzo," disse Felino con un sorriso.

Lorenzo rimase stupito. Nessuno nel regno sapeva che il suo gatto poteva parlare. "Felino, sei tu che stai parlando?"

"Sì, sono io," rispose Felino con un miagolio. "Sono un gatto molto speciale, sai?"

Lorenzo sorrise. "Sei davvero straordinario, Felino. Ma perché non hai mai parlato prima?"

"Mi piaceva mantenere il mio talento nascosto," disse Felino. "Ma ora che lo sai, posso raccontarti una storia?"

Lorenzo annuì con entusiasmo. "Certo, Felino. Sono tutto orecchie."

Così Felino iniziò a raccontare una storia al principe Lorenzo. Era la storia di un piccolo gatto di strada che un giorno incontrò un principe nel bosco. Il principe era triste perché si sentiva solo, ma il piccolo gatto lo aiutò a trovare la felicità.

Lorenzo ascoltava attentamente ogni parola di Felino. Trovò la storia incantevole e commovente. Quando Felino finì di raccontare, Lorenzo disse: "Grazie, Felino. Questa è stata una delle storie più belle che abbia mai sentito."

Felino arrossì leggermente. "Sono felice che ti sia piaciuta, principe Lorenzo."

Da quel giorno in poi, Lorenzo e Felino passavano ore a parlare e a ridere insieme nei giardini del castello. Nessuno nel regno sapeva della straordinaria amicizia tra un principe e il suo gatto.

Ma un giorno, il regno di Lorenzo fu minacciato da un terribile drago che terrorizzava il paese. Il principe sapeva di dover fare qualcosa per proteggere il suo popolo, ma non sapeva come sconfiggere il drago.

Felino, vedendo il principe così preoccupato, si avvicinò a lui. "Ho un'idea, principe Lorenzo," disse. "Posso aiutarti a sconfiggere il drago."

Lorenzo guardò il suo fedele amico con gratitudine. "Come puoi aiutarmi, Felino?"

Felino sorrise misteriosamente. "Vieni con me nel bosco stasera e vedrai."

Quella notte, Lorenzo seguì Felino nel bosco. Lì, Felino lo condusse in una radura segreta dove si trovava una pozza d'acqua incantata.

"Bevi da questa pozza, principe Lorenzo," disse Felino. "Ti darà la forza di sconfiggere il drago."

Lorenzo non esitò. Si chinò e bevve dall'acqua della pozza. Subito dopo, si sentì più forte e coraggioso che mai.

Il giorno seguente, Lorenzo affrontò il drago con coraggio e determinazione. Grazie alla forza che aveva ricevuto dall'acqua incantata, riuscì a sconfiggere il drago e salvare il suo regno.

Il popolo del regno celebrò Lorenzo come un eroe, ma solo lui e Felino sapevano il vero segreto di come aveva ottenuto la forza di sconfiggere il drago.

Da quel giorno in poi, Lorenzo regnò sul suo regno con saggezza e giustizia, e Felino rimase al suo fianco come il suo più fidato amico e consigliere.

E così, il giovane principe e il suo straordinario gatto vissero felici e contenti per sempre, sapendo che niente poteva mai separare la loro straordinaria amicizia.

The Cat and the Prince

Once upon a time, there was a small kingdom where a young prince named Lorenzo lived. Lorenzo was a kind prince loved by everyone in the kingdom. But there was one thing that no one knew about him: he had a very special cat named Felino.

Felino was not a normal cat. He was a magical cat who could understand human language and could even speak, although he preferred to keep his talent hidden.

One day, while Lorenzo was strolling in the castle gardens, he heard a voice coming from a bush. It was Felino's voice.

"Good morning, Prince Lorenzo," Felino said with a smile.

Lorenzo was astonished. No one in the kingdom knew that his cat could talk. "Felino, is it you who's talking?"

"Yes, it's me," Felino replied with a meow. "I'm a very special cat, you know?"

Lorenzo smiled. "You are truly extraordinary, Felino. But why have you never spoken before?"

"I liked to keep my talent hidden," Felino said. "But now that you know, can I tell you a story?"

Lorenzo nodded eagerly. "Of course, Felino. I'm all ears."

So Felino began to tell a story to Prince Lorenzo. It was the story of a little street cat who one day met a prince in the woods. The prince was sad because he felt lonely, but the little cat helped him find happiness.

Lorenzo listened attentively to every word of Felino's. He found the story enchanting and touching. When Felino finished telling, Lorenzo said, "Thank you, Felino. That was one of the most beautiful stories I've ever heard."

Felino blushed slightly. "I'm glad you liked it, Prince Lorenzo."

From that day on, Lorenzo and Felino spent hours talking and laughing together in the castle gardens. No one in the kingdom knew about the extraordinary friendship between a prince and his cat.

But one day, Lorenzo's kingdom was threatened by a terrible dragon that terrorized the country. The prince knew he had to do something to protect his people, but he didn't know how to defeat the dragon.

Felino, seeing the prince so worried, approached him. "I have an idea, Prince Lorenzo," he said. "I can help you defeat the dragon."

Lorenzo looked at his faithful friend with gratitude. "How can you help me, Felino?"

Felino smiled mysteriously. "Come with me to the woods tonight, and you will see."

That night, Lorenzo followed Felino into the woods. There, Felino led him to a secret clearing where there was an enchanted pool of water.

"Drink from this pool, Prince Lorenzo," Felino said. "It will give you the strength to defeat the dragon."

Lorenzo didn't hesitate. He bent down and drank from the pool. Immediately afterward, he felt stronger and braver than ever.

The next day, Lorenzo faced the dragon with courage and determination. Thanks to the strength he had received from the enchanted water, he managed to defeat the dragon and save his kingdom.

The people of the kingdom celebrated Lorenzo as a hero, but only he and Felino knew the true secret of how he had gained the strength to defeat the dragon.

From that day on, Lorenzo ruled his kingdom with wisdom and justice, and Felino remained by his side as his most trusted friend and advisor.

And so, the young prince and his extraordinary cat lived happily ever after, knowing that nothing could ever separate their extraordinary friendship.

La Festa in Giardino

C'era una volta un giardino incantato, dove le rose profumavano l'aria e le farfalle danzavano tra i fiori. In questo giardino viveva una giovane donna di nome Sofia.

Sofia amava organizzare feste nel suo splendido giardino. Ogni volta invitava i suoi amici per una serata di allegria e divertimento.

Una sera d'estate, Sofia decise di organizzare una festa speciale nel suo giardino. Preparò deliziosi stuzzichini, bevande fresche e mise luci colorate tra gli alberi.

Quando arrivò il momento, i suoi amici arrivarono al giardino, vestiti con abiti eleganti e sorridenti. La musica risuonava nell'aria e le risate riempivano il giardino di gioia.

Sofia danzava tra gli ospiti, ridendo e scherzando con tutti. Si sentiva felice e grata di avere amici così meravigliosi che volevano condividere momenti speciali con lei.

Ma mentre la festa continuava, Sofia si sentì un po' triste. Si rese conto che, nonostante tutta l'allegria e l'entusiasmo, c'era qualcosa che mancava nella sua vita.

Si allontanò per un momento dal trambusto della festa e si sedette su una panchina sotto un albero. Guardò le stelle che brillavano nel cielo e si mise a riflettere sulla sua vita.

Ad un tratto, sentì una voce provenire dall'oscurità. Si girò e vide un uomo anziano seduto accanto a lei sulla panchina.

"L'unico modo per liberarsi di una tentazione è cedervi," disse l'uomo con un sorriso misterioso.

Sofia lo guardò sorpresa. "Chi sei tu?" chiese.

"Lascia che ti racconti una storia," disse l'uomo anziano. "Una storia di amore e di desiderio."

Sofia annuì e si avvicinò all'uomo per ascoltare la sua storia.

"Lunga, molto tempo fa," cominciò l'uomo, "c'era una giovane donna chiamata Isabella. Isabella era bellissima e intelligente, ma era infelice. Si sentiva intrappolata in una vita che non le apparteneva veramente."

Isabella incontrò un uomo affascinante di nome Giovanni. Giovanni era affascinante e misterioso, e Isabella si innamorò perdutamente di lui.

Ma Giovanni aveva un segreto oscuro che Isabella non conosceva. Era un uomo senza scrupoli, pronto a fare qualsiasi cosa pur di ottenere ciò che voleva.

Un giorno, Giovanni chiese ad Isabella di fuggire con lui e di abbandonare tutto il resto. Isabella, accecata dall'amore e dal desiderio di avventura, accettò senza esitazione.

Ma presto, Isabella si rese conto dell'errore che aveva commesso. Giovanni si rivelò essere un uomo crudele e egoista, e Isabella si ritrovò sola e disperata.

Tornò nella sua vecchia vita, ma il suo cuore era spezzato e il suo spirito era infranto. Aveva ceduto alla tentazione dell'amore e aveva pagato un prezzo troppo alto.

Sofia ascoltava la storia con il cuore pesante. Si rese conto che, nonostante tutto il divertimento e l'allegria delle feste nel suo giardino, c'era un vuoto nel suo cuore che nessuna festa poteva colmare.

L'uomo anziano si alzò dalla panchina e si diresse verso l'uscita del giardino. Si voltò e disse a Sofia: "Ricorda, cara Sofia, l'amore può essere una tentazione pericolosa. Sii saggia e segui il tuo cuore."

Con quelle parole, l'uomo scomparve nell'oscurità della notte, lasciando Sofia sola con i suoi pensieri.

Sofia si alzò dalla panchina e tornò alla festa nel suo giardino. Guardò i suoi amici ballare e ridere, ma stavolta il suo sorriso era un po' malinconico.

Ma mentre guardava le stelle sopra di lei, Sofia si rese conto di una cosa. Anche se l'amore poteva essere complicato e doloroso, era anche una delle cose più belle al mondo.

Decise di non lasciare che la paura dell'amore le impedisse di cercarlo.
Forse un giorno, avrebbe trovato qualcuno che avrebbe colmato quel
vuoto nel suo cuore.
E così, con una nuova determinazione nel cuore, Sofia tornò alla festa nel
suo giardino, pronta ad affrontare il futuro con coraggio e speranza.

The Garden Party

Once upon a time, there was an enchanted garden where roses perfumed the air and butterflies danced among the flowers. In this garden lived a young woman named Sofia.

Sofia loved to host parties in her beautiful garden. Every time, she invited her friends for an evening of joy and fun.

One summer evening, Sofia decided to organize a special party in her garden. She prepared delicious snacks, refreshing drinks, and set colorful lights among the trees.

When the time came, her friends arrived at the garden, dressed in elegant attire and smiling. Music echoed in the air, and laughter filled the garden with joy.

Sofia danced among the guests, laughing and joking with everyone. She felt happy and grateful to have such wonderful friends who wanted to share special moments with her.

But as the party went on, Sofia felt a little sad. She realized that, despite all the joy and excitement, there was something missing in her life.

She stepped away for a moment from the hustle and bustle of the party and sat on a bench under a tree. She looked at the stars shining in the sky and began to reflect on her life.

Suddenly, she heard a voice coming from the darkness. She turned and saw an elderly man sitting next to her on the bench.

"The only way to get rid of temptation is to yield to it," said the man with a mysterious smile.

Sofia looked at him surprised. "Who are you?" she asked.

'Let me tell you a story," said the old man. "A story of love and desire."

Sofia nodded and approached the man to listen to his story.

"Long ago," the man began, "there was a young woman named Isabella. Isabella was beautiful and intelligent, but she was unhappy. She felt trapped in a life that didn't truly belong to her."

Isabella met a charming man named Giovanni. Giovanni was charming and mysterious, and Isabella fell deeply in love with him.

But Giovanni had a dark secret that Isabella didn't know. He was a ruthless man, willing to do anything to get what he wanted.

One day, Giovanni asked Isabella to run away with him and leave everything else behind. Isabella, blinded by love and the desire for adventure, accepted without hesitation.

But soon, Isabella realized the mistake she had made. Giovanni turned out to be a cruel and selfish man, and Isabella found herself alone and desperate.

She returned to her old life, but her heart was broken, and her spirit was shattered. She had yielded to the temptation of love and had paid a price too high.

Sofia listened to the story with a heavy heart. She realized that, despite all the fun and joy of the parties in her garden, there was a void in her heart that no party could fill.

The elderly man rose from the bench and walked towards the exit of the garden. He turned and said to Sofia, "Remember, dear Sofia, love can be a dangerous temptation. Be wise and follow your heart."

With those words, the man disappeared into the darkness of the night, leaving Sofia alone with her thoughts.

Sofia rose from the bench and returned to the party in her garden. She watched her friends dance and laugh, but this time her smile was a little melancholic.

But as she looked at the stars above her, Sofia realized something. Although love could be complicated and painful, it was also one of the most beautiful things in the world.

She decided not to let the fear of love stop her from seeking it. Perhaps one day, she would find someone who would fill that void in her heart.

And so, with a new determination in her heart, Sofia returned to the party in her garden, ready to face the future with courage and hope.

41

Il Piccolo Negozio di Fiori

C'era una volta un piccolo negozio di fiori al centro di un tranquillo villaggio di campagna. Il negozio apparteneva a una donna anziana di nome Maria.

Maria amava i fiori più di ogni altra cosa al mondo. Ogni mattina, apriva il suo negozio e adornava il bancone con una vasta selezione di fiori freschi, dai più colorati ai più profumati.

Nonostante il suo negozio fosse piccolo, Maria lo gestiva con grande cura e dedizione. I suoi fiori erano famosi in tutto il villaggio per la loro bellezza e freschezza.

Un giorno, mentre Maria stava preparando il suo negozio per la giornata, entrò un uomo giovane e affascinante di nome Luca. Luca era un viaggiatore che passava di villaggio in villaggio alla ricerca di avventure.

"Buongiorno, signora Maria," disse Luca con un sorriso. "Sono nuovo in città e ho sentito dire che i suoi fiori sono i più belli della zona. Mi piacerebbe comprare un mazzo di fiori per portare un po' di colore alla mia giornata."

Maria sorrise gentilmente. "Benvenuto nel mio negozio, giovane uomo. Sono felice di aiutarti a trovare il mazzo perfetto di fiori."

Luca si avvicinò al bancone e iniziò a esaminare i fiori con interesse. Maria notò che i suoi occhi brillavano di ammirazione mentre osservava ogni fiore con attenzione.

Dopo un po', Luca scelse un mazzo di rose rosse e bianche. "Questi sono i fiori più belli che abbia mai visto," disse con entusiasmo. "Quanto ti devo?"

Maria mise il mazzo di rose in un elegante involucro di carta e lo porse a Luca. "Per te, giovane uomo, non c'è alcun costo. È un regalo di benvenuto nel nostro villaggio."

Luca fu sorpreso e grato per il gesto generoso di Maria. "Grazie, signora Maria. Non dimenticherò mai la tua gentilezza."

Maria sorrise. "Non c'è bisogno di ringraziare, caro. Spero che questi fiori portino un po' di gioia nella tua vita."

Luca ringraziò ancora una volta Maria e uscì dal negozio, con il cuore pieno di gratitudine e felicità.

Da quel giorno in poi, Luca tornò spesso al piccolo negozio di fiori di Maria. Ogni volta, comprava un mazzo di fiori diverso e raccontava a Maria le sue avventure nei villaggi vicini.

Maria amava ascoltare le storie di Luca e guardare la sua gioia mentre esaminava i fiori nel suo negozio. Nonostante la sua vita fosse tranquilla e semplice, sapeva che poteva portare un po' di felicità agli altri attraverso i suoi fiori.

Un giorno, Luca entrò nel negozio di Maria con un'espressione seria sul viso. "Signora Maria," disse con voce tremante, "ho una brutta notizia da darti. Devo partire da questo villaggio e non so quando potrò tornare."

Maria si sentì triste all'idea di dover dire addio a Luca, ma sapeva che il viaggio era una parte importante della sua vita. "Capisco, Luca. Sarò triste di vederti partire, ma so che tornerai quando sarà il momento giusto."

Luca le sorrise. "Grazie, signora Maria. Mi mancherai molto."

Maria gli diede un mazzo di fiori freschi come regalo di addio. "Porta questi fiori con te durante il tuo viaggio. Ti porteranno fortuna e gioia ovunque tu vada."

Luca abbracciò Maria con gratitudine e uscì dal negozio con il cuore pieno di ricordi felici e di speranza per il futuro.

Dopo che Luca se ne fu andato, Maria continuò a gestire il suo piccolo negozio di fiori con amore e dedizione. Ogni volta che guardava i fiori sul suo bancone, pensava a Luca e alle sue avventure, e sperava che un giorno sarebbe tornato a trovarla.

E così, anche se i giorni passavano e il tempo cambiava, il piccolo negozio di fiori di Maria rimase un luogo di bellezza e di gioia per tutti coloro che vi entrarono.

45

The Little Flower Shop

Once upon a time, there was a small flower shop in the center of a quiet countryside village. The shop belonged to an elderly woman named Maria.

Maria loved flowers more than anything else in the world. Every morning, she opened her shop and adorned the counter with a wide selection of fresh flowers, from the most colorful to the most fragrant.

Although her shop was small, Maria ran it with great care and dedication. Her flowers were famous throughout the village for their beauty and freshness.

One day, as Maria was preparing her shop for the day, a young and charming man named Luca entered. Luca was a traveler who wandered from village to village in search of adventures.

"Good morning, Mrs. Maria," said Luca with a smile. "I am new in town and I have heard that your flowers are the most beautiful in the area. I would like to buy a bouquet of flowers to brighten up my day."

Maria smiled gently. "Welcome to my shop, young man. I am happy to help you find the perfect bouquet of flowers."

Luca approached the counter and began to examine the flowers with interest. Maria noticed that his eyes sparkled with admiration as he looked at each flower carefully.

After a while, Luca chose a bouquet of red and white roses. "These are the most beautiful flowers I have ever seen," he said excitedly. "How much do I owe you?"

Maria wrapped the bouquet of roses in an elegant paper wrapping and handed it to Luca. "For you, young man, there is no cost. It is a welcome gift to our village."

Luca was surprised and grateful for Maria's generous gesture. "Thank you, Mrs. Maria. I will never forget your kindness."

Maria smiled. "There is no need to thank me, dear. I hope these flowers bring some joy into your life."

Luca thanked Maria once again and left the shop, with his heart full of gratitude and happiness.

From that day on, Luca often returned to Maria's little flower shop. Every time, he bought a different bouquet of flowers and told Maria about his adventures in the nearby villages.

Maria loved listening to Luca's stories and watching his joy as he examined the flowers in her shop. Although her life was quiet and simple, she knew she could bring some happiness to others through her flowers.

One day, Luca entered Maria's shop with a serious expression on his face. "Mrs. Maria," he said with a trembling voice, "I have some bad news to tell you. I have to leave this village, and I don't know when I will be able to come back."

Maria felt sad at the thought of saying goodbye to Luca, but she knew that travel was an important part of his life. "I understand, Luca. I will be sad to see you go, but I know you will come back when the time is right."

Luca smiled at her. "Thank you, Mrs. Maria. I will miss you very much."

Maria gave him a bouquet of fresh flowers as a farewell gift. "Take these flowers with you on your journey. They will bring you luck and joy wherever you go."

Luca hugged Maria with gratitude and left the shop with his heart full of happy memories and hope for the future.

After Luca had gone, Maria continued to run her little flower shop with love and dedication. Every time she looked at the flowers on her counter, she thought of Luca and his adventures, and hoped that one day he would come back to visit her.

And so, even as the days passed and time changed, Maria's little flower shop remained a place of beauty and joy for all who entered it.

Il Viaggio nel Deserto

C'era una volta un giovane esploratore di nome Paolo, che viveva in una piccola città ai margini del deserto. Sin da bambino, Paolo era affascinato dal deserto e sognava di esplorarlo un giorno.

Un giorno, mentre passeggiava lungo le dune di sabbia dorata, Paolo trovò un vecchio manufatto nascosto sotto la sabbia. Era un antico medaglione d'oro inciso con strani simboli.

Incuriosito, Paolo prese il medaglione e lo portò a casa con sé. Lo mostrò al suo anziano nonno, che era un saggio e conosceva molte storie sul deserto.

"Questo medaglione apparteneva agli antichi guardiani del deserto," disse il nonno di Paolo con voce grave. "È un segno di buona fortuna, ma anche di grande responsabilità. Se lo possiedi, devi onorare il deserto e rispettare le sue leggi."

Paolo fu stupito dalle parole del nonno, ma sentì anche un brivido di eccitazione. Decise di accettare la sfida e intraprendere un viaggio nel deserto per scoprire il suo significato.

Con il medaglione al collo, Paolo si mise in viaggio attraverso le sabbie del deserto. Attraversò paesaggi aridi e montagne di sabbia, incontrando tribù nomadi e creature misteriose lungo il cammino.

Durante il suo viaggio, Paolo incontrò un anziano uomo del deserto di nome Ali. Ali era un saggio e aveva viaggiato attraverso il deserto per molti anni.

"Salve, giovane viaggiatore," disse Ali con voce pacata. "Posso vedere che porti con te il medaglione degli antichi guardiani del deserto. Sei pronto ad affrontare la tua prova?"

Paolo annuì con determinazione. "Sì, sono pronto. Dimmi cosa devo fare."

Ali sorrise. "Devi dimostrare la tua forza e la tua resistenza attraverso le prove del deserto. Solo così potrai rivelare il vero significato del medaglione."

Con il cuore pieno di speranza, Paolo seguì Ali nel deserto e si immerse nelle prove che lo aspettavano.

La prima prova era attraversare un deserto di fuoco, dove le temperature erano così alte che potevi cuocere un uovo sulle dune di sabbia. Paolo dovette camminare sotto il sole cocente per giorni senza fine, ma non si arrese mai.

La seconda prova era attraversare un deserto di ghiaccio, dove il vento gelido tagliava come una lama affilata. Paolo dovette affrontare tempeste di neve e temperature polari, ma mantenne il suo coraggio e la sua determinazione.

La terza prova era attraversare un deserto di tempesta, dove il vento portava con sé nuvole di sabbia che oscuravano il cielo e oscuravano il sole. Paolo dovette combattere contro la sabbia che si insinuava dappertutto, ma continuò a spingersi avanti con tenacia.

Infine, dopo aver superato tutte le prove del deserto, Paolo raggiunse la fine del suo viaggio. Ali lo accolse con un sorriso di orgoglio.

"Hai dimostrato di essere un vero figlio del deserto," disse Ali con voce rispettosa. "Ora puoi scoprire il vero significato del medaglione."

Paolo si tolse il medaglione dal collo e lo guardò con occhi curiosi. "Cosa significa veramente questo medaglione?" chiese.

Ali sorrise. "Il medaglione rappresenta il tuo legame con il deserto e con tutte le creature che lo abitano. È un segno della tua forza, della tua saggezza e del tuo coraggio."

Paolo sentì il calore del medaglione contro la pelle e sorrise. Si rese conto che il vero tesoro non era il medaglione stesso, ma l'esperienza e la conoscenza che aveva guadagnato durante il suo viaggio nel deserto.

Con il medaglione al collo e il cuore pieno di gratitudine, Paolo tornò alla sua città natale. Anche se il deserto era un luogo selvaggio e imprevedibile, sapeva che ora faceva parte di lui per sempre.

E così, Paolo continuò il suo viaggio attraverso la vita, portando con sé il ricordo del deserto e delle sue prove, e il medaglione degli antichi guardiani come segno del suo coraggio e della sua determinazione.

51

The Journey in the Desert

Once upon a time, there was a young explorer named Paolo, who lived in a small town on the edge of the desert. Since he was a child, Paolo was fascinated by the desert and dreamed of exploring it one day.

One day, while walking along the golden sand dunes, Paolo found an old artifact hidden under the sand. It was an ancient gold medallion engraved with strange symbols.

Intrigued, Paolo took the medallion and brought it home with him. He showed it to his elderly grandfather, who was wise and knew many stories about the desert.

"This medallion belonged to the ancient guardians of the desert," said Paolo's grandfather with a solemn voice. "It is a sign of good fortune, but also of great responsibility. If you possess it, you must honor the desert and respect its laws."

Paolo was amazed by his grandfather's words, but he also felt a thrill of excitement. He decided to accept the challenge and embark on a journey into the desert to discover its meaning.

With the medallion around his neck, Paolo set off through the sands of the desert. He traversed arid landscapes and sand mountains, encountering nomadic tribes and mysterious creatures along the way.

During his journey, Paolo met an elderly desert man named Ali. Ali was wise and had traveled through the desert for many years.

"Hello, young traveler," said Ali in a calm voice. "I can see that you carry with you the medallion of the ancient guardians of the desert. Are you ready to face your trial?"

Paolo nodded determinedly. "Yes, I am ready. Tell me what I must do."

Ali smiled. "You must prove your strength and endurance through the trials of the desert. Only then can you reveal the true meaning of the medallion."

With his heart full of hope, Paolo followed Ali into the desert and immersed himself in the trials that awaited him.

The first trial was to cross a desert of fire, where the temperatures were so high that you could fry an egg on the sand dunes. Paolo had to walk under the scorching sun for endless days, but he never gave up.

The second trial was to cross a desert of ice, where the freezing wind cut like a sharp blade. Paolo had to face snowstorms and polar temperatures, but he maintained his courage and determination.

The third trial was to cross a desert of storms, where the wind carried clouds of sand that darkened the sky and obscured the sun. Paolo had to fight against the sand that crept everywhere, but he continued to push forward with tenacity.

Finally, after overcoming all the trials of the desert, Paolo reached the end of his journey. Ali welcomed him with a proud smile.

"You have proven to be a true son of the desert," said Ali with respectful voice. "Now you can discover the true meaning of the medallion."

Paolo took off the medallion from his neck and looked at it with curious eyes. "What does this medallion truly mean?" he asked.

Ali smiled. "The medallion represents your connection to the desert and to all the creatures that inhabit it. It is a sign of your strength, wisdom, and courage."

Paolo felt the warmth of the medallion against his skin and smiled. He realized that the true treasure was not the medallion itself, but the experience and knowledge he had gained during his journey in the desert.

With the medallion around his neck and his heart full of gratitude, Paolo returned to his hometown. Although the desert was a wild and unpredictable place, he knew that now it was a part of him forever.

And so, Paolo continued his journey through life, carrying with him the memory of the desert and its trials, and the medallion of the ancient guardians as a sign of his courage and determination.

Un Viaggio a Palermo

C'era una volta un giovane uomo di nome Marco, che viveva in una piccola città nel nord Italia. Marco era un uomo semplice, con una passione per l'avventura e per l'esplorazione.

Un giorno, mentre leggeva un vecchio giornale, Marco vide una foto di Palermo, una città vibrante e colorata situata sulla costa siciliana. Attratto dalla bellezza della città e dalla promessa di nuove esperienze, Marco decise di fare un viaggio a Palermo.

Senza pensarci due volte, Marco prese il primo treno per Palermo. Mentre viaggiava attraverso il paesaggio mozzafiato della campagna italiana, Marco si sentiva eccitato e impaziente di arrivare.

Finalmente, dopo molte ore di viaggio, Marco arrivò a Palermo. L'aria era calda e profumata di agrumi, e il suono delle onde che si infrangevano sulla riva lo accoglieva. Marco si sentì subito a casa.

Deciso a esplorare la città, Marco si avventurò per le strade strette e tortuose di Palermo. Ammirò l'architettura barocca dei palazzi e l'energia vivace dei mercati.

Durante il suo girovagare, Marco incontrò un anziano pescatore seduto su una panchina lungo il lungomare. L'uomo aveva un'aria saggia e un sorriso gentile sul viso rugoso.

"Salve, giovane viaggiatore," disse l'uomo con voce pacata. "Sei nuovo a Palermo, vero?"

Marco annuì con un sorriso. "Sì, sono appena arrivato. Mi chiamo Marco."

L'uomo sorrise. "Mi chiamo Giovanni. Sono un pescatore di queste acque da tutta la vita. Se vuoi, posso portarti a fare un giro in barca e mostrarti la bellezza del mare di Palermo."

Marco accettò con entusiasmo l'offerta di Giovanni e salì a bordo della sua piccola barca. Mentre navigavano lungo la costa, Marco ammirava il mare cristallino e le rocce scoscese che si affacciavano sulle onde.

Giovanni raccontò a Marco storie di pescatori e marinai che avevano solcato quelle acque per secoli. Marco ascoltava con attenzione, affascinato dalla ricchezza di storia e di cultura della città.

Dopo un po', Giovanni si avvicinò a una baia nascosta circondata da alte scogliere. "Ecco la mia baia preferita," disse con orgoglio. "Qui puoi nuotare nelle acque cristalline e rilassarti sulla spiaggia deserta."

Marco si tuffò in mare e nuotò fino alla riva. Sentiva il calore del sole sulla pelle e il profumo del mare nell'aria. Era un momento di pace e di serenità che non avrebbe mai dimenticato.

Dopo aver trascorso del tempo a nuotare e a prendere il sole, Marco tornò alla barca di Giovanni. "Grazie per avermi mostrato questo posto meraviglioso," disse con gratitudine.

Giovanni sorrise. "È stato un piacere, Marco. Sei sempre il benvenuto qui a Palermo."

Con il cuore pieno di gioia e di gratitudine, Marco tornò in città. Mentre passeggiava per le strade di Palermo al tramonto, sentiva una profonda connessione con la città e con le persone che vi abitavano.

Infine, quando il sole tramontò dietro l'orizzonte, Marco si sedette su una panchina vicino al porto e guardò le luci della città che si accendevano una dopo l'altra. Si sentiva in pace con se stesso e con il mondo.

A Journey to Palermo

Once upon a time, there was a young man named Marco, who lived in a small town in northern Italy. Marco was a simple man, with a passion for adventure and exploration.

One day, while reading an old newspaper, Marco saw a picture of Palermo, a vibrant and colorful city located on the Sicilian coast. Drawn by the beauty of the city and the promise of new experiences, Marco decided to take a trip to Palermo.

Without hesitation, Marco boarded the first train to Palermo. As he traveled through the breathtaking landscape of the Italian countryside, Marco felt excited and eager to arrive.

Finally, after many hours of travel, Marco arrived in Palermo. The air was warm and fragrant with citrus, and the sound of waves crashing on the shore welcomed him. Marco immediately felt at home.

Determined to explore the city, Marco ventured through the narrow and winding streets of Palermo. He admired the baroque architecture of the palaces and the lively energy of the markets.

During his wanderings, Marco met an elderly fisherman sitting on a bench along the waterfront. The man had a wise air and a gentle smile on his weathered face.

'Hello, young traveler," said the man in a calm voice. "You're new to Palermo, aren't you?"

Marco nodded with a smile. "Yes, I just arrived. My name is Marco."

The man smiled. "My name is Giovanni. I've been a fisherman in these waters all my life. If you'd like, I can take you for a boat ride and show you the beauty of the sea in Palermo."

Marco eagerly accepted Giovanni's offer and climbed aboard his small boat. As they sailed along the coast, Marco admired the crystal-clear sea and the rugged cliffs overlooking the waves.

Giovanni told Marco stories of fishermen and sailors who had sailed those waters for centuries. Marco listened attentively, fascinated by the wealth of history and culture in the city.

After a while, Giovanni steered towards a hidden bay surrounded by high cliffs. "Here's my favorite bay," he said proudly. "Here you can swim in the crystal-clear waters and relax on the deserted beach."

Marco plunged into the sea and swam to the shore. He felt the warmth of the sun on his skin and the scent of the sea in the air. It was a moment of peace and serenity that he would never forget.

After spending time swimming and sunbathing, Marco returned to Giovanni's boat. "Thank you for showing me this wonderful place," he said gratefully.

Giovanni smiled. "It was a pleasure, Marco. You're always welcome here in Palermo."

With his heart full of joy and gratitude, Marco returned to the city. As he walked the streets of Palermo at sunset, he felt a deep connection with the city and the people who lived there.

Finally, as the sun set behind the horizon, Marco sat on a bench near the harbor and watched the lights of the city come on, one by one. He felt at peace with himself and with the world.

Posso sedermi qui?

C'era una volta una giovane donna di nome Lucia, che amava trascorrere il tempo libero nel parco della sua città. Ogni giorno, appena finiva il lavoro, Lucia si recava al parco per passeggiare tra gli alberi e i fiori.

Lucia adorava l'atmosfera tranquilla e rilassante del parco. Ammirava i colori brillanti dei fiori e il canto degli uccelli che risuonava nell'aria. Era il suo rifugio, il posto dove poteva dimenticare le preoccupazioni e godersi la bellezza della natura.

Un giorno, mentre passeggiava lungo un sentiero alberato, Lucia notò un giovane uomo seduto su una panchina. L'uomo sembrava assorto nei suoi pensieri, con lo sguardo perso nel vuoto.

Incuriosita, Lucia si avvicinò all'uomo e si sedette accanto a lui sulla panchina. "Ciao," disse con un sorriso amichevole. "Posso sedermi qui?"

L'uomo la guardò sorpreso, ma poi sorrise. "Certo," rispose gentilmente. "Mi chiamo Matteo."

"Mi chiamo Lucia," disse lei. "È bello incontrarti qui nel parco."

Matteo annuì. "Anche per me. Mi piace venire qui a pensare e a riflettere."

Lucia sorrise. "Anche io. È un posto così tranquillo e pacifico."

I due cominciarono a parlare e a condividere le loro storie. Scoprirono di avere molti interessi in comune e presto si trovarono a ridere e a scherzare come vecchi amici.

Dopo un po', Matteo si alzò dalla panchina. "Mi dispiace, ma devo andare," disse con un'espressione dispiaciuta. "È stato bello parlare con te, Lucia."

Lucia sorrise. "Anche per me. Spero di vederti di nuovo qui nel parco."

Matteo le sorrise e si allontanò lungo il sentiero. Lucia lo guardò andare con un sorriso, sentendosi felice e leggera.

Negli giorni successivi, Lucia tornò al parco ogni giorno, sperando di incontrare di nuovo Matteo. Passava le ore passeggiando tra gli alberi e i fiori, ma non riusciva a trovare traccia dell'uomo misterioso.

Una sera, mentre passeggiava lungo il viale principale del parco, Lucia vide Matteo seduto su una panchina, circondato da candele e fiori. Sembrava aspettarla.

Lucia si avvicinò con curiosità. "Ciao, Matteo. Cosa stai facendo qui?"

Matteo sorrise e si alzò in piedi. "Ciao, Lucia. Volevo chiederti se vuoi fare una passeggiata con me sotto le stelle."

Lucia rimase sorpresa, ma accettò con un sorriso. Insieme, passeggiarono per il parco, ammirando il cielo stellato sopra di loro e lasciandosi trasportare dal profumo dei fiori notturni.

Durante la passeggiata, Matteo prese la mano di Lucia e la guardò negli occhi. "Lucia," disse con voce tenera, "ho trascorso così tanto tempo a pensare a te. Mi piacerebbe passare più tempo insieme, se tu vuoi."

Lucia sorrise, sentendosi emozionata e felice. "Anch'io ho pensato molto a te, Matteo. Mi piacerebbe passare più tempo insieme."

I due si abbracciarono sotto le stelle, sentendo il battito dei loro cuori che batteva all'unisono. Avevano trovato l'amore nel posto più inaspettato, proprio nel cuore del loro amato parco.

May I sit here?

Once upon a time, there was a young woman named Lucia, who loved spending her free time in the park of her city. Every day, as soon as she finished work, Lucia went to the park to stroll among the trees and flowers.

Lucia adored the tranquil and relaxing atmosphere of the park. She admired the bright colors of the flowers and the birdsong that echoed in the air. It was her sanctuary, a place where she could forget her worries and enjoy the beauty of nature.

One day, while walking along a tree-lined path, Lucia noticed a young man sitting on a bench. The man seemed lost in thought, with his gaze fixed in the distance.

Intrigued, Lucia approached the man and sat down next to him on the bench. "Hello," she said with a friendly smile. "May I sit here?"

The man looked at her surprised, but then smiled. "Of course," he replied kindly. "My name is Matteo."

"I'm Lucia," she said. "It's nice to meet you here in the park."

Matteo nodded. "Likewise. I like to come here to think and reflect."

Lucia smiled. "Me too. It's such a peaceful and peaceful place."

The two began to talk and share their stories. They discovered they had many interests in common and soon found themselves laughing and joking like old friends.

After a while, Matteo stood up from the bench. "I'm sorry, but I have to go," he said with a regretful expression. "It was nice talking to you, Lucia."

Lucia smiled. "Likewise. I hope to see you again here in the park."

Matteo smiled back and walked away along the path. Lucia watched him go with a smile, feeling happy and light.

In the following days, Lucia returned to the park every day, hoping to meet Matteo again. She spent hours strolling among the trees and flowers, but couldn't find any trace of the mysterious man.

One evening, while walking along the main avenue of the park, Lucia saw Matteo sitting on a bench, surrounded by candles and flowers. He seemed to be waiting for her.

Lucia approached with curiosity. "Hello, Matteo. What are you doing here?"

Matteo smiled and stood up. "Hello, Lucia. I wanted to ask you if you'd like to take a walk with me under the stars."

Lucia was surprised, but she accepted with a smile. Together, they walked through the park, admiring the starry sky above them and being carried away by the scent of the night flowers.

During the walk, Matteo took Lucia's hand and looked into her eyes. "Lucia," he said tenderly, "I've spent so much time thinking about you. I would like to spend more time together, if you want."

Lucia smiled, feeling excited and happy. "I've thought a lot about you too, Matteo. I would like to spend more time together."

The two embraced under the stars, feeling the beat of their hearts beating in unison. They had found love in the most unexpected place, right in the heart of their beloved park.